DIOS AÑADE SU SUPER A TU NATURAL PARA PRODUCIR LO SOBRENATURAL

Andrew Wommack

Publicado por Andrew Wommack Ministries, Inc.
Woodland Park, CO 80863

Título en inglés: *God Adds His Super to Your Natural to Produce the Supernatural*

Todo el énfasis dentro de las citas bíblicas es del autor.

Traducción y edición: Citlalli Macy

ISBN 13 TP: 978-1-59548-807-7

ISBN 13 eBook: 978-1-6675-1584-7

Para distribución mundial.

1 2 3 4 5 6 /29 28 27 26

Contenido

No es Dios solamente

El título de este libro de bolsillo puede parecer extraño, pero es una de las verdades más establecidas de la Biblia. Todos los milagros de la Biblia dependían de que alguien obedeciera al Señor y procediera a hacer algo en lo natural antes de que el poder milagroso de Dios se manifestara a través de lo sobrenatural. Esto se refleja en muchas escrituras, pero aquí presento solo algunas.

> *Y a aquel que es poderoso para hacer todas las cosas mucho más abundantemente de lo que pedimos o pensamos, **según el poder que actúa en nosotros**.*
>
> Efesios 3:20

> *Entonces ella fue e hizo conforme a la palabra de Elías; y comieron él, ella y su familia, por mucho tiempo.*
>
> 1 Reyes 17:15

... la fe, si no tiene obras, está muerta en sí misma.

Santiago 2:17

... la fe sin obras es muerta

Santiago 2:20

Del mismo modo, los siguientes versículos muestran que la falta de acción fue la razón por la que muchos no recibieron la manifestación sobrenatural del propósito de Dios para sus vidas.

Y volvían, y tentaban a Dios, Y ponían límite al Santo de Israel.

Salmo 78:41, *Reina-Valera Antigua*

... Si ustedes no creen, ciertamente no permanecerán firmes

Isaías 7:9

Y vemos que ellos no pudieron entrar debido a su incredulidad.

Hebreos 3:19

Porque también a nosotros se nos ha anunciado la buena nueva como a ellos; pero no les aprovechó el oír la palabra, por no ir acompañada de fe en los que la oyeron.

Hebreos 4:2, *Reina-Valera 1960*

Es un hecho: El «*poder* sobrenatural» de Dios necesita nuestro «*poder* natural» para producir lo sobrenatural. Todos los milagros de la Biblia ocurrieron porque alguien actuó basándose en su fe en Dios. El Señor no actúa «soberanamente», como se suele utilizar esta palabra hoy en día en la religión malentendida, para decir que Él actúa independientemente de nosotros. En cambio, el Señor le ha dado a cada creyente la autoridad para actuar en Su nombre. El Señor nos dijo que resistamos al diablo, y él huirá de nosotros (Stg 4:7). Nos dijo que le hablemos a la montaña, y ésta se moverá. No nos dijo que le hablemos a Él y le pidamos que mueva la montaña por nosotros (Mr 11:23).

Y hay un sinnúmero de ejemplos de esto en las historias milagrosas que relata la Biblia.

La provisión de Dios precede a tu necesidad

Tomemos, por ejemplo, la ocasión en que le preguntaron a Pedro si su maestro pagaba los impuestos.

Cuando ellos llegaron a Capernaúm, fueron a Pedro los que cobraban el impuesto del templo y le dijeron:

—¿Su maestro no paga el impuesto del templo?

Él dijo:

—Sí.

Al entrar en casa, Jesús le habló primero diciendo:

—¿Qué te parece, Simón? Los reyes de la tierra, ¿de quiénes cobran los tributos o los impuestos? ¿De sus hijos o de otros?

Pedro le dijo:

—De otros.

Jesús le dijo:

—Luego, los hijos están libres de obligación. Pero, para que no los ofendamos, ve al mar, echa el anzuelo, y el primer pez que suba, tómalo. Cuando abras su boca, hallarás una moneda. Tómala y dásela a ellos por mí y por ti.

Mateo 17:24-27

Veamos más detenidamente lo que sucedió aquí.

Antes de que Pedro pudiera decirle a Jesús lo que estaba pensando, Jesús le reveló que ya sabía lo que había sucedido. Eso es algo sobrenatural. Jesús, como es Dios, conoce cada pensamiento en cada corazón (Sal 139:1-4).

Luego está la cuestión de la moneda. El Señor no creó esta moneda, ya que la falsificación es ilegal. Además, el Señor no tiene dinero en el cielo. Él no dejó caer esta moneda desde el cielo. El dinero es un producto creado por el hombre. Alguien perdió esta moneda en el mar. Fue algo que sucedió de forma natural. Pero fue sobrenatural que Jesús lo supiera e hiciera que un pez se tragara la moneda, que era la cantidad exacta necesaria para pagar los impuestos de Pedro y los suyos.

Luego, Jesús de manera sobrenatural, hizo que ese pez en particular mordiera el anzuelo que Pedro lanzó al agua. La Escritura no dice que Pedro hubiera puesto cebo en el anzuelo. Jesús solo le dijo que lanzara un anzuelo al mar. Es posible que Pedro hubiera puesto cebo en el anzuelo, pero lo cierto es que el primer pez que Pedro pescó era el que tenía la moneda. Eso no es solo una coincidencia. Fue algo sobrenatural.

Pero si Pedro no hubiera hecho su parte en lo natural, que era ir a pescar, lo sobrenatural que el Señor quería hacer no se habría manifestado. Hubo necesidad de una combinación de las cosas sobrenaturales que Jesús sabía y las instrucciones que le dio a Pedro, junto con las cosas naturales que Pedro hizo al obedecer las instrucciones del Señor para producir esta provisión. Si Pedro no hubiera ido a pescar, todas las cosas sobrenaturales que el Señor había activado para satisfacer esta necesidad no habrían tenido ningún efecto. La provisión habría estado en la boca de los peces, pero Pedro y Jesús no se habrían beneficiado de ella.

Algo similar ocurrió en Lucas 5, cuando Jesús le pidió a Pedro que le dejara usar su barca para alejarse un poco de la orilla y poder hablar a la multitud. Pero el Señor no utilizó la barca de Pedro sin compensarle por ello. Una vez terminado el sermón, Jesús le dijo a Pedro que se adentrara en aguas profundas y echara las redes para pescar. Jesús iba a compensar a Pedro por el uso de su barca con una pesca milagrosa.

> *Cuando acabó de hablarles, dijo a Simón:*
>
> *—Boga mar adentro, y echen sus redes para pescar.*
>
> *Simón le respondió y dijo:*
>
> *—Maestro, toda la noche hemos trabajado duro y no hemos pescado nada. Pero por tu palabra echaré la red.*
>
> Lucas 5:4-5

Observa que Jesús le dijo a Pedro que echara las redes, en plural. Sin embargo, Pedro dijo que echaría la red, en singular. A menudo limitamos a Dios con nuestra obediencia parcial. Si Pedro hubiera echado las redes, en plural, habría tenido una pesca aún mayor y tal vez no habría roto su única red. Sin embargo, si Pedro no hubiera obedecido y echado al menos una red, no habría pescado nada. Tenía que hacer algo en lo natural para recibir esta pesca sobrenatural.

Lucas continúa relatando los resultados de obedecer las instrucciones del Señor.

> *Cuando lo hicieron, atraparon una gran cantidad de peces y sus redes se rompían. Hicieron señas a sus compañeros que estaban en la otra barca para que vinieran a ayudarles. Ellos vinieron y llenaron ambas barcas de manera que se hundían.*
>
> Lucas 5:6-7

Todo el mundo quiere una pesca que rompa las redes y hunda las barcas, pero no siempre hacen lo que deben hacer para recibirla. El Señor había ordenado a todos los peces del mar que se dirigieran al barco de Pedro, pero eso no habría servido de nada si Pedro no hubiera proporcionado algún medio para atraparlos. Este es otro ejemplo de cómo el super de Dios necesita nuestro natural para producir lo sobrenatural.

Sigue las instrucciones

El Señor hizo una provisión milagrosa para Elías después de que éste declarara audazmente al rey Acab que no habría rocío ni lluvia hasta que él lo dijera (1 R 17:1). Esto produjo una grave sequía que no solo afectó a la nación, sino también a Elías. ¿Cómo sobreviviría? Entonces el Señor le dio instrucciones a Elías sobre su provisión.

> *Entonces la palabra del* SEÑOR *vino a él diciendo:*
>
> *—Apártate de aquí, dirígete al oriente y escóndete junto al arroyo de Querit, que está al frente del Jordán. Y sucederá que beberás del*

arroyo, y yo he mandado a los cuervos que te sustenten allí.

1 Reyes 17:2-4

Fíjate en que el Señor dijo: «**Yo he** mandado a los cuervos que te alimenten allí». El Señor ya había dado la orden a los cuervos de satisfacer las necesidades de Elías, y como los cuervos podían volar más rápido de lo que Elías podía correr o caminar, los víveres estaban allí antes de que él llegara. Pero fíjate también en esto: el Señor envió los víveres de Elías **allí**, al lugar al que le dijo que fuera. No los envió al lugar donde él se encontraba.

¡Esto es muy profundo!

El Señor no envía nuestra provisión al lugar donde estamos, sino al lugar al que nos dice que vayamos. Si Elías no hubiera ido y hecho lo que el Señor le dijo que hiciera (1 R 17:5), su provisión se habría podrido allí junto al arroyo, pero a él no le habría beneficiado.

Es como un mariscal de campo de un equipo de fútbol americano que lanza un pase al receptor. No lanza el balón al lugar donde está el receptor, sino al lugar al que se le ha indicado que vaya. El Señor siempre suplirá nuestras necesidades (Fil 4:19), pero ¿estamos siempre en el lugar donde debemos estar para recibir? Así como el Señor instruyó a los cuervos que alimentaran a Elías **allí**, cada uno de nosotros tiene un lugar llamado allí. El problema es que no siempre estamos allí. A menudo persistimos quedándonos aquí, esperando la provisión de Dios en vez de ir y hacer lo que Él nos dice que hagamos. No funciona así.

He aquí otro ejemplo. Había una viuda que le imploraba a Eliseo que la ayudara a satisfacer sus necesidades. Su difunto marido había sido uno de los discípulos de Eliseo, y el acreedor exigía llevarse a sus hijos en lugar del pago.

> *Entonces una mujer, que fuera esposa de uno de los hijos de los profetas, clamó a Eliseo diciendo:*
>
> *—Tu siervo, mi marido, ha muerto. Tú sabes que tu siervo era temeroso del Señor, pero el acreedor ha venido para llevarse a mis dos hijos como esclavos suyos.*
>
> 2 Reyes 4:1

Esta viuda no tenía lo suficiente en al ámbito natural para satisfacer sus necesidades. Necesitaba una provisión sobrenatural para evitar que sus hijos se convirtieran en esclavos. Sin embargo, ¿qué hizo Eliseo? No se limitó a satisfacer sus necesidades con sus recursos naturales. Aunque hubiera tenido suficiente dinero para satisfacer la necesidad inmediata de la viuda, eso no habría significado una diferencia duradera. Esta mujer necesitaba confiar en Dios para su sustento, no en Eliseo.

Por lo tanto, Eliseo sabiamente le recordó que el Señor es su fuente. Pero la provisión milagrosa no vendría de manera sobrenatural por sí sola. Había cosas que ella debía hacer para ver a Dios obrar.

Y Eliseo le preguntó:

—¿Qué puedo hacer por ti? Dime qué tienes en casa.

Ella respondió:

—Tu sierva no tiene ninguna cosa en casa, excepto un frasco de aceite.

Él le dijo:

—Ve y pide prestadas vasijas de fuera, de todas tus vecinas, vasijas vacías; no pidas pocas. Luego entra, cierra la puerta detrás de ti y de tus hijos, y vierte el aceite en todas esas vasijas. Y cuando una esté llena, ponla aparte.

Ella se apartó de él y cerró la puerta detrás de sí y de sus hijos. Ellos le traían las vasijas, y ella vertía el aceite. Y sucedió que cuando las vasijas estuvieron llenas, dijo a un hijo suyo:

—Tráeme otra vasija.

Y le respondió:

—No hay más vasijas.

Entonces el aceite cesó. Luego ella fue y se lo contó al hombre de Dios, quien dijo:

—Anda, vende el aceite y paga tu deuda, y tú y tus hijos vivan de lo que quede.

2 Reyes 4:2-7

Esto fue absolutamente sobrenatural, pero había cosas en el ámbito natural que esta viuda tenía que hacer para recibir esta provisión sobrenatural. Esto se evidencia en el hecho de que cuando se le acabaron los recipientes, la multiplicación del aceite cesó. Lo sobrenatural de Dios se detuvo cuando ella llegó al final de lo que había hecho en el ámbito natural. Siempre hay una combinación de lo que tenemos que hacer en lo natural con el suministro sobrenatural de Dios.

Esto también se evidencia en la sanidad. Naamán, el leproso, acudió a Eliseo para pedirle que le sanara de su lepra.

> *Entonces Naamán llegó con sus caballos y su carro, y se detuvo ante la puerta de la casa de Eliseo. Y Eliseo le envió un mensajero que le dijo:*
>
> *—Ve, lávate siete veces en el Jordán, y tu carne te será restaurada, y serás limpio.*
>
> *Naamán se enfureció y se fue diciendo:*
>
> *—He aquí, yo pensaba que seguramente él saldría, que puesto de pie invocaría el nombre del* Señor *su Dios, y que moviendo su mano sobre el lugar sanaría la parte leprosa. ¿No son*

los ríos de Damasco, el Aban y el Farfar, mejores que todas las aguas de Israel? ¿No podría yo lavarme en ellos y ser limpio?

Y dando la vuelta, se iba enojado.

2 Reyes 5:9-12

Pedro nos dijo en 1 Pedro 5:5 que Dios resiste a los orgullosos, pero da gracia a los humildes. Naamán era un hombre orgulloso. Era un poderoso general de Siria y esperaba ser tratado como tal. Eliseo ni siquiera salió a recibirlo. Solo envió un mensajero para decirle a Naamán lo que debía hacer. Esto fue humillante para este hombre, que estaba acostumbrado a que la gente le rindiera homenaje. Se marchó enfadado porque Eliseo no le había honrado.

Pero alabado sea Dios, la historia no terminó ahí.

Pero sus siervos se acercaron a él y le hablaron diciendo:

—Padre mío, si el profeta te hubiera mandado alguna cosa grande, ¿no la habrías hecho? Con mayor razón si él te dice: "Lávate y serás limpio".

Entonces él descendió y se sumergió siete veces en el Jordán, conforme a la palabra del hombre de Dios. Y su carne se volvió como la carne de un niño pequeño, y quedó limpio.

2 Reyes 5:13-14

Los siervos de Naamán lo convencieron de que obedeciera las instrucciones que le dio Eliseo. Naamán bajó al Jordán y se sumergió siete veces en el agua. Las Escrituras dicen claramente que fue después de la séptima vez que su piel quedó limpia.

Fue algo tan simple como sumergirse siete veces en el agua lo que produjo la curación de Naamán. En realidad, fue el hecho de que se humilló y creyó al hombre de Dios lo que produjo su curación. Sin embargo, sus acciones fueron una parte esencial de este milagro. Si no hubiera actuado según lo que Eliseo le dijo que hiciera, esta sanidad no habría llegado. La fe, si no tiene obras, está muerta en sí misma (Stg 2:17).

Podría seguir dando ejemplos de esta verdad de que tenemos que cooperar con Dios haciendo cosas en el ámbito natural para recibir Sus resultados sobrenaturales.

¿Cuáles son los resultados sobrenaturales por los que estás orando? Sea lo que sea, el Señor ya ha creado la provisión, pero no podremos percibirla hasta que actuemos de acuerdo con nuestra fe haciendo algo en el ámbito natural.

¿Necesitas la salvación? Jesús ya murió y pagó la deuda que tú tenías. Es un hecho cumplido, pero no te beneficiarás de ello a menos que confieses con tu boca que Jesús es tu Señor (Ro 10:9). La voluntad de Dios es que todos se salven (2 P 3:9), pero no todos se salvan, porque no han hecho lo que Él nos dijo que hiciéramos. No te salvas por haber hecho algo para ganártelo. Es un regalo que hay que recibir creyendo y actuando según tu fe (Ro 6:23 y Stg 2:17), no en un salario que se gana con tus buenas obras.

¿Necesitas sanidad? Jesús ya te la ha proporcionado. Primera de Pedro 2:24 dice que, por las llagas de Jesús, ya fuiste sanado. Pero esa sanidad no se manifestará en tu cuerpo hasta que tú actúes según tu fe.

En Juan 9, Jesús escupió en el suelo e hizo barro con su saliva. Luego puso ese barro en los ojos de un ciego y le dijo que fuera al estanque de Siloé y se lavara. Cuando lo hizo, el ciego quedó completamente sanado. Esto fue milagroso, pero no habría sucedido a menos que este hombre hubiera hecho lo que Jesús le dijo que hiciera. El Señor puso Su poder sobre lo que este hombre hizo en lo natural. Los resultados fueron sobrenaturales.

Esto mismo formaba parte de todos los milagros que Jesús realizaba. Jesús les dijo a diez leprosos que se presentaran ante los sacerdotes y ofrecieran los sacrificios que la Ley ordenaba a una persona cuando se sanaba de la lepra. No se curaron en el momento en que el Señor les dijo que se fueran, sino que se curaron mientras iban (Lc 17:12-19).

Las cosas que la gente hacía en lo natural para recibir la manifestación sobrenatural del poder de Dios a veces no eran obvias, pero siempre estaban disponibles. Fíjate en el hijo de la viuda que Jesús resucitó de entre los muertos.

Aconteció que, poco después, él fue a la ciudad que se llama Naín. Sus discípulos y una gran multitud lo acompañaban. Cuando llegó cerca de la puerta de la ciudad, he aquí que llevaban a enterrar a un muerto, el único hijo de su madre la cual era viuda. Bastante gente de la ciudad la acompañaba. Y cuando el Señor la vio, se compadeció de ella y le dijo:

—No llores.

Luego se acercó y tocó el féretro, y los que lo llevaban se detuvieron. Entonces le dijo:

—Joven, a ti te digo: ¡Levántate!

Entonces el que había muerto se sentó y comenzó a hablar. Y Jesús lo entregó a su madre.

Lucas 7:11-15

Hay personas que han utilizado este ejemplo para rebatir mi afirmación de que hay que hacer algo en lo natural para recibir la provisión sobrenatural de Dios. Dicen: «¿Qué hizo este hombre muerto para cooperar con el Señor?».

En primer lugar, una afirmación como esa supone que una persona muerta no tiene elección en cuanto a si resucita o no. No puedo afirmar con certeza que la tengan, pero tampoco se puede afirmar con certeza que no la tengan. He oído a personas que resucitaron decir que el Señor les dio la opción de elegir si querían volver o no.

Además, fíjate en que Jesús se dirigió primero a la madre del joven muerto y le dijo que no llorara. ¿Por qué lo hizo? Si lo único que quería era que dejara de llorar, podría haber resucitado primero al joven. ¿No habría dejado ella de llorar?

Jesús se dirigió primero a la madre porque necesitaba que alguien, que estuviera afectado por esta situación, expresara algo de fe. Si esta madre no hubiera respondido positivamente a la instrucción de Jesús, te garantizo que se habría producido un motín por parte de todas las personas que estaban allí presentes para apoyar a esta mujer.

En una ocasión a mí me secuestraron porque un muchacho que había muerto les dijo a todos sus conocidos que, si moría, yo lo resucitaría. La abuela de este muchacho era una bruja y me odiaba. Una vez dijo que, si alguna vez yo ponía un pie en su propiedad, me daría un tiro. Cuando murió su nieto, ella temía que yo arruinara el funeral intentando resucitarlo. Así que planeó mi secuestro para impedir que yo asistiera al funeral. Por lo tanto, yo sé por experiencia propia que no se debe interferir en el dolor de una familia intentando resucitar a alguien.

La falta de resistencia a Jesús en esta situación muestra que esta madre debió de haber respondido positivamente a las palabras de Jesús. En Marcos 6, Jesús no pudo *—no es que no quiso—* hacer muchas obras poderosas, y no fue por falta de fe por Su parte. Fue la incredulidad de las personas que lo habían conocido en carne y hueso durante mucho tiempo lo que los llevó a rechazar sus afirmaciones de ser el Hijo de Dios. Ellos limitaron las sanidades que Jesús quería hacer.

Así que Jesús se acercó a la madre de este hijo al que Él quería resucitar de entre los muertos. Él obtuvo una respuesta positiva de fe por parte de ella en el ámbito natural, para poder poner Su poder sobrenatural sobre esta situación. Así es como funciona siempre.

Creo que la peor doctrina que ha invadido el cuerpo de Cristo es la enseñanza de que nada sucede sino lo que Dios quiere. Eso no es cierto. Hace que las personas sean pasivas, pero la Biblia dice que debemos resistir al diablo para que huya de nosotros (Stg 4:7). La palabra *resistir* significa luchar activamente contra algo. No se puede luchar activamente contra una situación si se cree que Dios la ha causado, porque eso significaría luchar contra Dios.

¡No! El Señor ha vencido a la muerte, al infierno y a la tumba, pero nos ha delegado ese poder, y si no lo usamos, no es Dios quien permite que sucedan cosas malas. Somos nosotros los que no estamos usando la autoridad que Dios nos ha dado, lo que permite que el diablo haga lo que quiera en nuestras vidas.

He visto al Señor hacer muchas cosas milagrosas en mi vida. He visto a mi esposa y a mi hijo resucitar de entre los muertos, ojos ciegos que se abren, cojos que caminan, y sordos que pueden oír. El Señor nos ha proporcionado los fondos necesarios para que podamos aparecer en la televisión por todo el mundo y construir un campus multimillonario para el instituto bíblico.

Ciertamente no estoy afirmando que yo sea quien hizo que todo esto sucediera. Definitivamente fue el Señor, y no yo, quien logró todas estas cosas. Pero digo con humildad que no habría sucedido sin mí. El Señor fluye por medio de nosotros. No podemos lograr estas cosas sin el Señor, pero el Señor tampoco puede lograr nada sin nosotros. Se podría decir que Él *no* logrará nada sin nosotros. Pero la conclusión es que Él no actúa independientemente de nosotros.

En Hechos 10, un ángel se le apareció a Cornelio y le dijo que enviara hombres a Jope y le pidiera a Pedro que fuera a decirle lo que tenía que hacer para ser salvo. Este ángel conocía el Evangelio. Probablemente lo conocía mejor que Pedro. Entonces, ¿por qué enviar a Pedro a hacer lo que el ángel podría haber hecho? Eso no parece eficiente.

La respuesta radica en el hecho de que el Señor no les dio a los ángeles la autoridad para predicar el Evangelio. Eso es lo que nos mandó hacer a nosotros (Mt 10:1-8). No es el Señor quien está dejando que las personas entren a la eternidad sin Cristo. Es el cuerpo de Cristo, el que no ha logrado llevar el Evangelio hasta los confines de la tierra, el que ha impedido que las personas conozcan y crean en la verdad (Ro 10:14-17).

Muchas veces nos sentimos incapaces de compartir el Evangelio con los demás. Es cierto que somos incapaces. Pero si hacemos lo que podemos en el ámbito natural, el Señor añadirá Su «super» y obtendremos resultados sobrenaturales al ver a las personas nacer de nuevo.

Yo soy prueba viviente de ello. Yo era una persona introvertida, tan tímida que no podía ni hablar con alguien a quien no conocía. Entonces el Señor me llamó a predicar. No había forma de que pudiera hacerlo solo con mis recursos naturales. Oré y le pedí al Señor que me cambiara, pero eso no sucedió de forma sobrenatural. Tuve que salir frente a una multitud por fe y abrir mi boca antes de que Dios la llenara (Sal 81:10).

No me limito a ponerme delante de una multitud y orar para que el Señor hable de manera sobrenatural por medio de mí. Yo tengo que hablar. Si lo único que hiciera fuera abrir la boca y esperar a que Dios la moviera y solo salieran de ella Sus palabras, nunca se diría nada. Él no me controla así. Por eso mis enseñanzas salen con un estilo tejano. Soy yo quien habla, pero creo que el Señor habla por medio de mí.

Quita los límites

Uno de los encuentros más importantes que he tenido con el Señor ocurrió el 31 de enero de 2002. El Señor me habló a través del Salmo 78:41, diciéndome que yo estaba limitando lo que Él podía hacer por medio de mí por mi manera de pensar en pequeño.

Yo sabía que el Señor quería que yo les ministrara a personas de todo el mundo. Me estaba moviendo en esa dirección, pero a paso de tortuga. Tomé la decisión de quitarle los límites a Dios, y mi vida y mi ministerio experimentaron una transformación radical.

Inmediatamente, vi que las cosas que estaba pidiendo en oración comenzaban a suceder.

En aquel entonces, solo llegábamos al 3 por ciento de la población estadounidense con mi programa de televisión. Hoy en día, alcanzamos a más de dos tercios de la población mundial con emisiones de televisión en nueve idiomas. En ese tiempo, el instituto bíblico Charis Bible College solo tenía poco más de cien estudiantes. Hoy en día, contamos con más de 15 000 graduados y 9000 estudiantes matriculados en nuestros 59 institutos, ubicados en 22 países de todo el mundo.

El Señor nos ha permitido construir un campus para el instituto bíblico valorado en casi doscientos millones de dólares, con planes de cuadruplicar esa cifra. Todo esto es obra del Señor, y es maravilloso a nuestros ojos (Sal 118:23). Le doy toda la gloria a Dios. Pero yo sé que no habría sucedido si yo no hubiera cooperado con lo que el Señor me estaba diciendo.

Hoy, mientras escribo esto, tengo una de las mayores oportunidades para difundir el Evangelio que jamás se me haya presentado. Mientras oraba para saber si debía aprovecharla, el Señor me dijo que sería bendecido si lo hacía, pero que también lo sería si no lo hacía. Si yo no doy el paso, el Señor encontrará a otra persona para hacerlo.

No quiero limitar al Señor, así que voy a hacerlo. Esto es más grande que yo, y sé que no soy suficiente por mí mismo. Pero si hago lo que puedo en el ámbito natural, Dios añadirá Su «super» y obtendremos resultados sobrenaturales. El Señor es fiel. Lo que ha hecho por mí y por medio de mí en el pasado, lo volverá a hacer. Yo lo he experimentado muchas veces.

Te invito a que recibas esta verdad que he estado explicando en este pequeño libro de bolsillo. El Señor tiene grandes cosas reservadas para cada uno de nosotros. No nos ha creado a ninguno de nosotros solo para ocupar espacio. Sus planes para nosotros son buenos y más grandes que nuestros planes para nosotros mismos (Jer 29:11). La mayoría de las personas están disparando sin ton ni son, y no le atinan a nada, pero si das un paso de fe y te diriges en la dirección que el Señor tiene para tu vida, Él liberará Su poder sobrenatural para ti y por medio de ti.

¿Qué sueño ha puesto el Señor en tu corazón? No te quedes ahí sentado, esperando a que el Señor satisfaga tus necesidades. Tú tienes que hacer algo. Se dice que una definición de la locura es hacer lo mismo repetidamente y esperar resultados diferentes.

Aprende la lección de los cuatro leprosos:

> *Había cuatro hombres leprosos a la entrada de la puerta de la ciudad, los cuales se dijeron unos a otros:*
>
> *—¿Para qué nos quedamos aquí hasta morir? Si decimos: "Entremos en la ciudad", el hambre está en la ciudad, y moriremos allí; y si nos quedamos aquí, también moriremos. Ahora pues, vayamos y pasemos al campamento de los sirios. Si nos conceden la vida, viviremos; y si nos matan, moriremos.*
>
> 2 Reyes 7:3-4

El hambre era tan grave en la ciudad que la gente compraba excrementos de paloma a precios exorbitantes. Incluso se comían a sus propios hijos (2 R 6:25-29). Y estos leprosos estaban aún peor. La gente de la ciudad los había obligado a quedarse fuera de las murallas debido a su enfermedad. Si no hacían algo, iban a morir.

Pero ¿qué podían hacer? Si intentaban entrar en la ciudad, allí también había hambruna y morirían. Si se quedaban donde estaban, morirían con toda seguridad. Pero si se entregaban al ejército sirio que los rodeaba, existía la posibilidad de que los sirios les mostraran misericordia. Decidieron tomar la única opción que les ofrecía alguna posibilidad de seguir con vida. Se presentaron ante su enemigo, los sirios.

El resultado fue que, cuando llegaron al campamento sirio, el Señor hizo que los sirios oyeran un ruido que interpretaron como si fuera un ejército que se acercaba contra ellos, y huyeron para salvar sus vidas. Dejaron sus tiendas, todos sus bienes e incluso la comida que aún se estaba cocinando en los fogones.

Estos leprosos pasaron del hambre al festín. También pasaron de la pobreza a la gran riqueza. Se llevaron oro y plata de las tiendas, así como prendas de vestir caras.

Una de las cosas más importantes que les sucedió fue que pasaron de ser unos don nadie a convertirse en héroes. Llevaron la noticia a la ciudad de que los sirios habían huido y salvaron a todos de la muerte segura que parecía ser su destino. Toda su vida y la vida de todos los habitantes de la ciudad cambiaron porque ellos hicieron algo en el ámbito natural en lugar de quedarse sentados, orando por un milagro.

¿Cuánto tiempo vas a quedarte ahí sentado? ¿Hasta que mueras?

La oración es poderosa, pero, así como la fe sin obras está muerta (Stg 2:20), también la oración sin acción está muerta en sí misma. No seas como las multitudes que oran por la intervención milagrosa del Señor, pero no hacen nada por su parte para que se realice. El Señor obra por medio de nosotros, no sin nosotros.

¿Qué hay en tu mano?

Cuando Moisés se resistió a obedecer las instrucciones de Dios de sacar a los israelitas de la esclavitud, el Señor le preguntó que tenía en la mano (Ex 4:2). Moisés dijo que solo era un palo. Era la vara que usaba para pastorear sus ovejas. No tenía más poder que el que Moisés podía producir. Si golpeaba una roca con esa vara, ésta podría sacudirlo o podría romperla. Pero cuando Moisés tomó lo que tenía en la mano y lo puso delante del Señor, se convirtió en «la vara de Dios» (Ex 4:20).

Ahora, esa vara podía partir una roca y hacer que salieran millones de galones de agua para dar de beber a todos los israelitas y a sus rebaños. Esa misma vara convirtió el Nilo en sangre y trajo todas las plagas sobre Egipto. Incluso partió el Mar Rojo y permitió a los judíos atravesarlo en tierra firme, mientras que al mismo tiempo venció al faraón y a todos sus ejércitos (Ex 14). Ahora era la vara de Dios, y tenía Su poder y autoridad sobrenaturales.

Cuando Dios comisionó por primera vez a Moisés, le dijo que pusiera la vara en el suelo. Cuando lo hizo, ésta se convirtió en una serpiente, y Moisés huyó asustado. Pero Dios le dijo a Moisés que tomara la serpiente por la cola, y se convirtió de nuevo en una vara en su mano (Ex 4:3). Del mismo modo, debemos presentar nuestras vidas ante el Señor como un sacrificio vivo (Ro 12:1). Nos podría dar la impresión de que, si lo hacemos, sería como si estuviéramos enfrentando a esa serpiente que amenaza con matarnos. Pero cuando retomamos nuestra vida por la cola, lo que significa que ya no tenemos el control porque Jesús está sentado en el trono de nuestras vidas, entonces ya no somos nosotros los que vivimos, sino Cristo el que vive por medio de nosotros (Ga 2:20). Nuestras vidas se apropiarán del poder y la autoridad sobrenaturales de Jesús con resultados milagrosos.

Haz algo antes de no hacer nada. Debes asegurarte de que lo que haces está dirigido por el Señor y no solo por tu carne. Pero yo creo que la inacción les está impidiendo a muchos cristianos lograr lo que el Señor quiere hacer en sus vidas. Hebreos 2:15 dice que el temor a la muerte es lo que nos somete a la esclavitud. Hay algunas cosas que son peores que la muerte. Vivir una vida mediocre es peor que la muerte. Si tu vida no es sobrenatural, es superficial.

Debes descubrir para qué te creó Dios y luego esforzarte por realizarlo a toda costa. Hay una paz y una satisfacción sobrenaturales que se obtienen cuando estás en el centro de la voluntad de Dios y que no se pueden experimentar de ninguna otra manera. Solo después de salirte de la barca podrás caminar sobre el agua.

Mi oración por ti es que esto te haya motivado. Sé que el Señor tiene más para todos nosotros de lo que cualquiera de nosotros haya experimentado jamás. Si pudiéramos agotar todos los recursos de Dios, Él simplemente se haría más grande. Él es ilimitado y quiere hacer cosas poderosas por medio de ti y de mí.

Yo me voy a esforzar por alcanzarlo. ¿Y tú?

PARA MÁS ESTUDIO

Si te gustó este libro de bolsillo y te gustaría aprender más sobre algunos de los temas que he compartido, te recomiendo mis enseñanzas:

1. *Cómo descubrir, seguir y realizar la voluntad de Dios*
2. *Mi cita con Dios*
3. *La soberanía de Dios*
4. *No limites a Dios*
5. *La autoridad del creyente*

Puedes comprar estos y otros estudios en sus diferentes formatos en **awmi.net/store**.

Mis enseñanzas más populares están disponibles *gratis* para ver, escuchar o leer en **awmi.net/español.**

Recibe a JESÚS como tu Salvador

¡Optar por recibir a Jesucristo como tu Señor y Salvador es la decisión más importante que jamás hayas tomado!

La Palabra de Dios promete: «Que si confiesas con tu boca que Jesús es el Señor y si crees en tu corazón que Dios lo levantó de entre los muertos, serás salvo. Porque con el corazón se cree para justicia, y con la boca se hace confesión para salvación» (Ro 10:13). «Porque todo aquel que invocare el nombre del Señor, será salvo» (Ro 10:13). Por su gracia, Dios ya hizo todo para proveer tu salvación. Tu parte simplemente es creer y recibir.

Ora en voz alta: «Jesús, confieso que Tú eres mi Señor y mi Salvador. Creo en mi corazón que Dios te levantó de entre los muertos. Por fe en Tu Palabra, recibo ahora la salvación. Gracias por salvarme».

En el preciso momento en que le entregas tu vida a Jesucristo, la verdad de Su Palabra instantáneamente se lleva a cabo en tu espíritu. Ahora que naciste de nuevo, ¡hay un tú completamente nuevo!

Por favor comunícate con nosotros para que nos digas si recibiste a Jesucristo como tu Salvador y para que solicites unos materiales de estudio gratis que te ayudarán a entender más plenamente lo que ha sucedido en tu vida. Llama a nuestra línea de ayuda al **(+1) 719-635-1111** (para español: de lunes a viernes, 7:00 a. m. – 3:00 p. m. hora de la montaña. Para inglés: de lunes a domingo las 24 horas del día), para que hables con uno de nuestros operadores que están listos para ayudarte a crecer en tu relación con el Señor.

¡Bienvenido a tu nueva vida!

Recibe el Espíritu Santo

Como Su hijo que eres, tu amoroso Padre Celestial quiere darte el poder sobrenatural que necesitas para vivir esta nueva vida. «Porque todo aquel que pide recibe, y el que busca halla, y al que llama se le abrirá… *¿Cuánto más vuestro Padre celestial dará el Espíritu Santo a los que se lo pidan?*» (Lc 11:10, 13b).

¡Todo lo que tienes que hacer es pedir, creer y recibir! Haz esta oración: «Padre, reconozco mi necesidad de Tu poder para vivir esta vida nueva. Por favor lléname con Tu Espíritu Santo. Por fe, lo recibo ahora mismo. Gracias por bautizarme. Espíritu Santo, eres bienvenido a mi vida».

Algunas sílabas de un lenguaje que no reconoces surgirán desde tu corazón a tu boca (1 Co 14:14). Mientras las declaras en voz alta por fe, estás liberando el poder de Dios que está en ti, y te estás edificando en el espíritu (1 Co 14:4). Puedes hacer esto cuando quieras y donde quieras.

Realmente no interesa si sentiste algo o no cuando oraste para recibir al Señor y a Su Espíritu. Si creíste en tu corazón que lo recibiste, entonces la Palabra de Dios te asegura que así fue. «Por esta razón les digo que todo por lo cual oran y piden, crean que lo han recibido y les será hecho» (Mr 11:24). Dios siempre honra Su Palabra; ¡créelo!

Nos gustaría felicitarte y ayudarte a entender más plenamente lo que acaba de suceder en tu vida.

Por favor, comunícate con nosotros y dinos si hiciste la oración para ser lleno del Espíritu Santo, y para que pidas una copia del libro, *El nuevo tú y el Espíritu Santo*. Este libro explica con más detalle los beneficios de ser lleno del Espíritu Santo y de hablar en lenguas. Llama a nuestra línea de ayuda al **(+1) 719-635-1111** (para español: de lunes a viernes, 7:00 a. m. – 3:00 p. m. hora de la montaña. Para inglés: de lunes a domingo las 24 horas del día).

Llama para pedir oración

Si necesitas oración por cualquier motivo y quieres hablar con uno de nuestros operadores en español, puedes llamar a nuestra línea de ayuda al **(+1) 719-635-1111**, (para español: de lunes a viernes, 7:00 a.m. – 3:00 p.m. hora de la montaña. Para inglés: de lunes a domingo las 24 horas del día). Un ministro capacitado recibirá tu llamada y orará contigo. Si nos llamas fuera de los ee. uu., comunícate con nosotros por WhatsApp siguiendo este enlace: wa.link/AWMMexico.

Cada día, recibimos testimonios de sanidades y otros milagros por medio de nuestra línea de ayuda, y estamos compartiendo las noticias del Evangelio que son casi demasiado buenas para ser verdaderas con más personas que nunca. Por lo tanto, ¡te invito a que llames hoy!

El autor

La vida de Andrew Wommack cambió para siempre en el momento que él se encontró con el amor sobrenatural de Dios el 23 de marzo de 1968. Como autor y maestro de renombre de la Biblia, Andrew ha asumido la misión de cambiar la manera como el mundo percibe a Dios.

La visión de Andrew es llevar el Evangelio tan lejos y tan profundo como sea posible. Su mensaje llega lejos por medio de su programa de televisión *Gospel Truth* (*La Verdad del Evangelio*), que está disponible para casi la mitad de la población mundial. El mensaje penetra profundamente por medio del discipulado en el instituto bíblico, Charis Bible College, con su sede en Woodland Park, Colorado. Establecido en 1994, Charis tiene planteles en varios lugares de los Estados Unidos y por todo el mundo.

Andrew también cuenta con una extensa biblioteca de materiales para la enseñanza en formatos impresos, de audio y de video. Más de 200 000 mil horas de enseñanzas gratis *en inglés*, están disponibles en su sitio web **awmi.net**. Para alcanzar a las personas que hablan español, y llevarlos a un conocimiento más profundo de la Palabra, su sitio web **awmi.net/español** ofrece gratis videos y artículos de sus enseñanzas más populares.

Información de contacto

Andrew Wommack Ministries, Inc.
PO Box 3333
Colorado Springs, CO 80934-3333
Correo electrónico: **info@awmi.net**

Charis Bible College
Para obtener más información sobre los cursos que Charis ofrece:
info@charisbiblecollege.org
(+1) 844-360-9577
CharisBibleCollege.org

Línea de ayuda: **(+1) 719-635-1111**
(Para español: de lunes a viernes 7:00 a. m. – 3:00 p. m. hora de la montaña. Para inglés: de lunes a domingo las veinticuatro horas del día).

Página en español: **awmi.net/español**
Página en inglés: **awmi.net**

Para ver la lista de todas nuestras oficinas, visita: **awmi.net/contact-us**.

Conéctate con nosotros en las redes sociales.

¡Hay más en nuestro sitio web!

Descubre enseñanzas GRATIS para ver o escuchar, artículos y más escaneando el código QR.
Sigue creciendo en la Palabra de Dios.
¡Serás bendecido!

ANDREW WOMMACK MINISTRIES

Tus donaciones mensuales logran la mayor influencia en el Reino de Dios

Cuando das donativos, ejerces una influencia en el reino de Dios que perdurar por generaciones. Tu generosidad capacit a nuestros ministros operadores para que reciban llamadas cada día de la semana. Tu apoyo también está promoviendo el crecimiento del instituto bíblico Charis Bibl College, y está facilitando los medios para que el programa *La Verdad del Evangelio* alcance a una audiencia global más extens Tú logras esto y más por medio de tus donaciones mensuales.

¡Conviértete en un Asociado de la Gracia hoy mismo!
Escanea el código QR o llama a nuestra línea de ayuda al (+1) 719-635-1111 y selecciona la opción nueve para español.

www.ingramcontent.com/pod-product-compliance
Lightning Source LLC
LaVergne TN
LVHW012334100826
845148LV00017B/2632